Lieblings-Menschen

mag man so gern ...

...weil sie das Leben
lebens- und liebenswerter
machen.

... weil sie uns
wortlos verstehen
und unsere
Gedanken „sehen".

... weil sie
unsere Gefühle
mit uns fühlen.

... weil sie uns das Leben
leichter machen,
wenn es uns
schwierig erscheint.

… weil sie es schaffen,
auch in ein
trauriges Gesicht
ein Lächeln zu zaubern.

... weil wir von ihnen
viel Wertvolles
lernen können,
ohne belehrt zu werden.

...weil sie uns
aufrichten,
wenn unsere Stimmung
geknickt ist.

…weil sie
unsere Seele spüren
und liebevoll
unser Herz berühren.

...weil sie verständnisvoll
und offen
andere Meinungen
akzeptieren.

... weil sie uns
Halt geben,
wenn wir die Balance
im Leben verlieren.

…weil sie Engel sind,
auch wenn sie
ihre Flügel
nicht sichtbar tragen.

...weil sie unsere Schwächen
zwar erkennen,
aber nicht kritisieren.

... weil sie
Glücksbringer sind,
die uns dem Glück
näher bringen.

... weil sie sich dafür einsetzen,
dass wieder mehr Gutes
in unserer Welt entsteht.

... weil ihnen ein friedvolles
Mit- und Füreinander
ein wichtiges Anliegen ist.

... genau deshalb
bist du ein
Lieblingsmensch!